51.
Lb 3020.

AF224334

# DE LA RÉFORME ÉLECTORALE

# EN

# FRANCE.

BIBLIOTHEQUE ROYALE

# DE LA RÉFORME ÉLECTORALE

## EN FRANCE,

OU

## RAPPEL AUX PRINCIPES NATURELS

### DE TOUT GOUVERNEMENT,

SOUS LE RAPPORT

**Des Mœurs, des Lois, de la Morale et de la Politique.**

PAR UN AMI DE LA PAIX ET DE L'ORDRE PUBLIC.

> Discenda virtus est; ars est bonum
> fieri; erras si existimas vitia nobis-
> cum nasci; super venerunt injesta
> sunt.
> SENEC. ép. 124.

La question de la Réforme, relative aux droits élec-
toraux, tient aux principes les plus importans de l'ordre social: elle va décider des caractères que prendra
la législation française ; elle y faira prédominer la raison ou les préjugés, l'intérêt général ou les intérêts
privés, avancer ou reculer notre siècle. C'est pourquoi
tout bon citoyen qui en connaît l'importance, doit
s'empresser de formuler son opinion sur ce sujet, puis-

que ce n'est que par le concours de ceux-ci que l'on peut obtenir un bon résultat.

L'excuse du silence est passée avec sa cause ; il ne s'agit plus de mesurer le tems au sujet, ni ses forces avec le tems ; il faut recueillir, à la hâte, ses pensées et les produire, avec l'unique intention qu'elles ne soient pas perdues, dans l'enquête générale de toutes celles qui peuvent être utiles.

Il est ici des principes qu'on ne peut méconnaître, qui éclairent et simplifient tout ; qui n'ont besoin, je crois, que d'être bien connus, pour obtenir leur empire naturel et la solution de chaque question est toujours dans ceux qui lui sont propres, parce que les principes ne sont que des résultats nécessaires des choses bien observées ; mais on ne peut les découvrir que par l'analyse exacte de l'objet qu'on examine ; c'est eux qu'il faut étudier, c'est eux qu'il faut suivre, si l'on veut sortir de cette guerre éternelle que se font le droit et le fait ; la pensée qui conçoit et l'exemple qui entraîne, le poids importun des abus présens et l'impulsion toujours plus agissante vers une situation meilleure : eux seuls peuvent bien assortir ce qui est avec ce qui doit être.

Quelle que soit la situation politique d'un gouvernement, elle peut convenir à une Nation, pourvu que ce gouvernement ne soit pas contraire aux droits universels de la nature humaine et aux principes fondamentaux de l'ordre social, mais cette situation, bonne en général, peut-être vicieuse dans la disposition de ses propres élémens, et alors, l'abus se trouve à côté du droit.

Le droit est partout où la chose est ordonnée, relativement au but de l'ensemble et à sa destination particulière.

L'abus est partout où le plan naturel a été violé ; pour distinguer le droit de l'abus, il faut donc examiner quel est l'ordre général et les dispositions particulières qu'impose une telle situation politique, attendu qu'il y a une subordination nécessaire du droit positif au droit général, qu'on a justement appelé le droit naturel, puisqu'il résulte uniquement de la nature de la chose : l'état naturel est une loi suprême, qui a commencé avec la chose même pour s'y appliquer sans cesse ; l'état positif n'est qu'un fait qui peut changer, par cela seul qu'il pourrait être autrement ; il doit toujours rester sous l'empire imprescriptible de la loi naturelle : s'il n'y est pas conforme, c'est ou parce que l'effet a trompé la cause, et alors le corriger, ce n'est que réparer une erreur, ou parce qu'une violence a interrompu le cours légitime, et alors la Réforme n'est qu'un retour à l'ordre primitif. Ce ne serait donc pas raisonner juste, que de combattre le droit naturel par le droit positif ; ce serait sacrifier la règle éternelle à l'état du moment ; ce serait rapprocher des choses inégales ; ce serait supposer entre ces choses une compatibilité qui n'existe pas.

Si quelquefois le fait a emprunté une force matérielle et momentanée pour modérer la puissance du droit, c'est seulement lorsqu'on ne pourrait rétablir les vrais principes, sans occasioner un bouleversement général; alors, mais seulement alors, il est aussi juste que sage de différer; le principe reste, quoique l'abus se maintienne; mais cela ne vient pas de ce que l'abus ait acquis un droit par sa durée; cela est fondé seulement sur une règle de l'intérêt général, qui ne veut pas que le corps politique se déchire lui-même pour se réformer, qu'il viole la possibilité du moment pour hâter ce qu'on peut attendre, qui ordonne de balancer entre un grand mal et un grand bien, et qui admet la prudence dans l'exercice des droits les plus évidens.

Le droit naturel, ainsi considéré, n'est point une abstraction tirée de quelques vues générales, démentie par la combinaison des choses particulières; c'est la règle qui naît de toute les parties pour convenir à tout l'ensemble: elle est le principe d'où tout sort, le but où tout doit tendre, le lien qui réunit tout. Ce droit naturel, appliqué à la situation des choses à établir, est le seul auquel le corps entier d'une société soit essentiellement soumis. Une nation ne connaît de lois que celles qu'elle se donne à elle-même; elle est censée les avoir faites avec sa raison et pour l'intérêt commun; elle peut donc les changer pour la même fin et par les mêmes moyens; dépendante uniquement de sa propre décision, elle n'a d'autre règle et d'autre frein que ce droit éternel auquel tout se rallie immédiatement, parce qu'il n'est lui-même que le résultat de tous les rapports de l'ordre social en général, et en particulier de tel plan de société.

Ces principes posés, définissons ce que c'est qu'une nation, quels sont ses droits, comment ils peuvent être exercés, et quelle est la constitution indispensable de tout corps politique, pour agir conformément à ses droits et à sa fin.

Une Nation ne peut s'entendre que de la généralité des citoyens qui couvrent son sol, qui y tiennent par l'habitation permanente, par une possession foncière ou par une industrie qui les rends nécessaires à ceux qui cultivent le domaine réel, qui ont adopté ses lois, qui portent ses charges, qui la servent et lui obéissent chacun de la manière qui lui est propre.

Comme leur réunion constitue toute la force du corps social, ils sont les seuls arbitres de son emploi, rien n'existe donc dans cette agrégation, que par eux et pour eux, ni lois, ni impositions, ni institutions, ni gouvernement, le monarque même, qu'ils ont placé si fort au-dessus d'eux, n'est si grand et si auguste, que parce qu'il est regardé comme le dépositaire de leur puissance et le mandataire de leur volonté ; à plus forte raison point de corps, d'ordres, d'institutions quelconques, quelques respectables qu'ils soient, qui aient des droits indépendans, qui puissent rien pré-tendre en honneur et en privilèges, que ceux qu'on veut bien leur conserver ; tout ce qui subsiste dans la société n'a d'autre appui légal et réel, qu'un consen-tement exprès ou tacite de la société même : en un mot, l'organisation entière de l'État ne peut-être considérée que comme une convention générale, qui n'a de force que parce qu'elle est censée se renouveler à chaque instant ; tout relève de la Nation, et la Nation a le droit de tout assujétir à son intérêt.

Par la nature des choses, une nation assemblée est donc la puissance unique, celle de qui toute autorité émane et à qui toute autorité est comptable ; quelque part que ses pouvoirs soient placés, de quelque manière qu'ils s'exercent, ils sont à elle, et comme elle les a confiés, elle pourrait les reprendre ; mais la force étant dans tous, il s'ensuit qu'elle ne peut justement s'employer que par une volonté unanime, et que tous les grands décrets qui sont les bases d'un édifice social, sont soumis à une condition aussi difficile. Cette unanimité étant presqu'impossible, une faible majorité ne suffisant pas non plus, car il pourrait arriver qu'un moment après, par le retour de quelques opinions, l'égalité cesserait dans le parti dominant, et que ce qu'on aurait ordonné au nom de tous, serait le déplaisir du plus grand nombre ; il faut donc sur toutes les grandes décisions une majorité telle qu'il n'y ait pas à craindre un si grand mal et un si grand désordre.

Par la même raison que l'unanimité est impossible et qu'une grande majorité peut suffire, il n'est pas non plus de rigueur que tout le corps de la Nation assiste à la délibération ; rien n'est plus impossible qu'une pareille assemblée, dans un peuple tant soit peu nombreux ; rien ne serait même plus dangereux, parce qu'un aussi grand corps serait exposé à une foule de mouvemens funestes à lui-même ; il ne pourrait ni être contenu, ni se contenir : il ne pourrait apporter que des passions dans un acte où la raison et le sang-froid doivent présider.

Un aussi grand danger moral, autant que l'impossibilité physique à donc fait adopter l'usage de faire voter la Nation par des députés choisis par elle : ce corps qui la représente, est infiniment plus propre à recevoir la communication de tous ses droits, comme il est mieux organisé pour les exercer ; mais pour que ce corps représentatif réunisse ainsi les droits de la généralité, pour qu'il puisse les exercer avec cet avantage de modération et cette sûreté de moyens, qui ne peuvent se rencontrer que dans une assemblée d'hommes choisis, et non dans une cohue populaire ; il faut, de rigueur, que cette représentation soit un extrait de la Nation même, en sorte que la Nation entière ait concouru à la former ; sans cela, la transmission des pouvoirs s'interrompt et s'arrête ; l'exercice des droits perd la confiance publique qui est son appui : les vues personnelles s'élèvent de toutes parts dans des hommes ramenés sur eux-mêmes au sein d'une fonction publique : elle les sépare du corps de l'État et les oppose entr'eux ; troublé dans ses convulsions intérieures, le corps législatif ne peut agir, ce qui est contraire à sa destination spéciale, ou il risque d'agir contre les droits et les vœux d'une partie des commettans, ce qui est une trahison. Si on tolère ce désordre, c'est par impuissance, et le sentiment de l'oppression reste au fond des cœurs ; si on se livre à l'indignation qu'il inspire, des partis se forment, et dans leurs emportemens, ils n'aperçoivent plus l'intérêt commun qui devait les réunir; dans cette alternative d'une inaction déplorable ou d'une impulsion factieuse, le chef de l'État attire à lui tout le pouvoir, la puissance législative, ne peut, tout au plus, qu'assister à son dépouillement, et heureuse encore de pouvoir s'abandonner à une volonté arbitraire, parce qu'elle est prépondérante ; ou bien le pouvoir exécutif est livré aux invasions d'un pouvoir désordonné qui l'asservit; la Nation, alors, se trouve entre l'anarchie et le despotisme ; le trône s'élève trop haut ou tombe trop bas; rien ne peut aller selon le cours naturel; rien ne peut rester à sa place.

Pour éviter un aussi grand désordre, il faut donc lier la représentation nationale, à tous les points de la surface de la Nation et l'en faire sortir comme une émanation directe.

Ces notions simples et ces justes craintes, conduisent à une conclusion qui ne l'est pas moins ; c'est qu'une véritable représentation nationale possède toute la dignité, toute la force et toute la suprême domination d'un peuple entier, et qu'il est du bien général qu'elle en soit revêtue; car, sans cela, elle ne pourrait agir dans tous les intérêts de ceux qu'elle représente, et il serait absurde que parlant au nom de tous, elle ne pût faire tout ce qui est bon à tous.

Il est cependant d'absolue nécessité de toujours simplifier dans les élémens de cette représentation, et la justice qui veille sur les droits de tous, s'accorde sur ce point, avec la facilité des moyens qui en assure les effets : voici une occasion bien sensible de vérifier ce principe.

Il ne serait guère plus possible de réunir tous les habitans d'une nation pour une élection de députés, que pour une délibération commune ; en examinant bien, on voit que plusieurs classes, très-nombreuses, n'ont pas droit à cette nomination, et que plusieurs autres, n'y sont pas individuellement nécessaires.

Ce qui doit donner le droit d'Électeur, c'est le domicile, la propriété, l'indépendance personnelle, les facultés de la raison et les droits civils : par-là, divers ordres d'exclusions se présentent pour limiter cette multiplicité de votans qui paraissait effrayante.

Tous ceux, par exemple, qui n'ont dans leur pays qu'une habitation transitoire, ceux qui y vivent sans habitation fixe ; ceux qui sont trop misérables pour contribuer aux charges publiques jusqu'à la moindre valeur, ne possédant ni bien ni industrie, et qui offriraient plutôt un suffrage à vendre qu'à donner ; les militaires en activité de service dont la liberté est aliénée au pouvoir exécutif; et les domestiques ou ouvriers qui sont sous la direction d'un maître particulier : toutes ces classes ne peuvent ici réclamer ni assistance ni influence : les conditions de leur sort ou les dangers de les admettre les réprouvent ; mais il y a cette équité dans ces exclusions, qu'elles suspendent une faculté plutôt qu'elles ne la détruisent ; ce n'est point la nature qui condamne à ces conditions que la loi frappe à regret ; puisqu'on les a acceptées on peut s'en démettre ; puisqu'on y est tombé on peut s'en relever ; une loi pareille blesse si peu les droits naturels, qu'elle pourrait être avouée de ceux mêmes qui en sont les victimes.*

Avec plus de raison et moins de murmure encore, les enfans qui n'ont pas le droit de leurs personnes ni la jouissance de leur fortune, et les femmes qui ne font qu'un avec leurs maris, et que leur destination propre fixe au sein des affaires domestiques ; tout le reste des citoyens doit entrer dans le choix des députés et la délégation des pouvoirs ; car ce serait une grande erreur d'attacher uniquement le droit d'électeur à la propriété du sol : on a droit à cette qualité dès qu'on est attaché à son pays par les avantages qu'on y trouve, en compensation des services qu'on lui rend, autant que par les contributions qu'on lui paye ; c'est donc moins la propriété réelle que l'habitation fixe qu'il faut considérer ici, contribuer aux charges, n'importe par quel motif, suffit pour associer à la puissance de qui émanent et les impôts et les lois. Point donc de vraie représentation nationale si le corps de l'État n'en est pas le fond prin-

---

* Il est à remarquer que l'histoire d'aucun pays, ne rapelle ni tentatives, ni plaintes des classes indigentes, sur ce sujet : elles se sont quelquefois soulevées contre l'oppression des riches ; mais elles n'ont jamais étendu leur ambition jusqu'à la législation de leur pays, tant le bon sens naturel seconde les règles qui tiennent à l'ordre des choses.

cipal, car il importe essentiellement que des lois faites pour tous ne trouvent point d'opposans, et pour cela il faut des assemblées où tous ceux qui ont intérêt à l'exécution des lois puissent voter.

Voilà, ce me semble, des principes qui méritent l'attention des hommes d'état et celle des législateurs ; principes qu'on ne peut récuser, parce qu'ils n'ont rien d'idéal, puisqu'ils naissent de la nature même de l'objet que nous étudions, qu'ils ne tendent qu'à approprier la cause à l'effet et à accorder le but avec les moyens.

Ma vive conviction suffirait, peut-être, pour motiver la confiance avec laquelle je les ai énoncés, mais je puis encore l'appuyer sur une garantie plus sûre. Ils appartiennent moins à mes recherches qu'aux connaissances de mon siècle. J'ose l'espérer, l'assentiment prompt et facile qu'ils obtiendront, fera sentir combien ils sont près d'une méditation attentive, d'un examen impartial, et en attestera la vérité plus qu'elle n'en fera valoir le développement. Il se pourrait que, puisant dans la vrai source, j'ai mal saisi ce qu'il en fallait tirer, mal assorti ce que j'en tirais ; c'est un point sur lequel il ne faut rien admettre sans vérification, et sur lequel je la sollicite moi-même ; mais je dis qu'il faut remonter à des principes de cette nature pour trouver ceux qui doivent nous guider : par ces principes tout est bon, sans eux tout est mauvais ; leur évidence fait leur autorité, leur sûreté en est la sanction ; ils conviennent à toutes les situations, à tous les momens, parce qu'eux seuls mènent au but qu'on doit avoir dans tous les momens , dans toutes les situations, si l'on sait ce qu'on veut , et si on veut ce dont on a besoin.

Rien ne peut prévaloir contr'eux , parce que rien ne peut prévaloir contre l'ordre naturel , qui est avant tout , contre l'intérêt général , qui est la loi suprême ; parce que dès que la loi se rétablit , l'abus perd sa seule force , qui est de retenir la place de la règle , parce que l'ordre subjugue tout , par la confiance et le respect qu'il imprime et par la généralité des intérêts qu'il rallie et protège.

Ce ne serait pas la peine , au reste , de vivre dans un siècle qui emploie si bien les sains procédés de la logique , et qui peut si aisément se frapper de l'évidence , de la sûreté et de la nécessité de ces principes, pour les voir , les connaître et les désirer même , et rester dans des usages que tout déclare mauvais.

Que la nation reçoive donc une représentation juste, sage , proportionnée entre les membres divers de l'état, propre aux grands effets qui en doivent résulter ; la confiance la plus respectueuse s'y attachera , car ces oppositions dont on fait tant de bruit d'avance , se dissipent à la fin dans les acclamations générales ; l'esprit de notre siècle passera tout entier dans les décrets de cette auguste assemblée , et ce sera les Français qui réformeront par leur exemple les autres nations libres de l'Europe.

Telles sont les modestes réflexions que présente le

soussigné, qui se nomme, moins pour se les approprier que par son profond respect pour la loi, qui lui
en fait une obligation expresse.

## MEYER ,

*Conservateur du Cadastre de la Commune d'Arles,*
*( Bouches-du-Rhône. )*

www.ingramcontent.com/pod-product-compliance
Lightning Source LLC
Chambersburg PA
CBHW051321050726
47595CB00008B/3649